AF609611

Juegos de psicomotricidad sin materiales en el PATIO 2-3 años

EDUCACIÓN * INFANTIL *

Volumen 1

Natalia Miturich
Manuel J. Crespo García
Antonio Wanceulen Moreno
José F. Wanceulen Moreno

Título: JUEGOS DE PSICOMOTRICIDAD SIN MATERIALES EN EL PATIO. 2-3 AÑOS. VOLUMEN 1
Autores/as: Natalia Miturich, Manuel J. Crespo García, Antonio Wanceulen Moreno,
José Fco. Wanceulen Moreno

Editorial: WANCEULEN EDITORIAL
Sello Editorial: WANCEULEN EDITORIAL DEPORTIVA

ISBN (Papel-blanco y negro): 9788418682766
ISBN (Papel-color): 9788418682773
ISBN (Ebook): 9788418682780

DEPÓSITO LEGAL: SE 571-2021

Impreso en España. 2021

WANCEULEN S.L.
C/ Cristo del Desamparo y Abandono, 56 - 41006 Sevilla
Dirección web: www.wanceuleneditorial.com y www.wanceulen.com
Email: info@wanceuleneditorial.com

ÍNDICE

INTRODUCCIÓN

Los maestros/as de Educación Infantil y los/las Técnicos Especialistas en Educación Infantil no tienen una fuente de recursos para poder aplicar las inmensas posibilidades que ofrece la Educación Física en sus distintas formas de utilizarlas en edades tempranas.

La Educación Infantil tiene en la Educación Física un apoyo importante para poder desarrollar las capacidades de los alumnos y generar un entorno de aprendizaje que sea la base de su futuro desarrollo motriz, cognitivo y personal.

Esta obra ofrece una ayuda y un soporte para que a partir de ella puedan generar y estimular en edades tempranas el aprendizaje. Elaborar una obra que facilite recursos en todas las edades de la Educación Infantil y capacidades motrices propias de cada una de ellas supondría un volumen que no se podría recoger en una sola obra. Para ello, la Editorial Wanceulen, junto a varios autores, ha elaborado esta colección seleccionando 50 juegos específicos atendiendo a las edades y capacidades de los alumnos a las que puedan ir dirigidas.

La concreción de la temática es fruto de un delicado análisis y de una selección pormenorizada atendiendo a una etapa educativa a la que, frecuentemente, no se le presta la importancia curricular que requiere. En muchos sistemas educativos, la etapa de 0-3 años tiene entre sus funciones la conciliación laboral con la familiar y, a pesar de su carácter asistencial, diversos estudios indican que es la mayor etapa de adquisición de conocimientos y de estimulación para su posterior desarrollo y por eso se incluye en los diferentes sistemas educativos.

La etapa 3-6 años es una etapa en la que existe mayor material y bibliografía al respecto, pero no existe la concreción temática que se intenta alcanzar con las obras de esta colección.

En la iniciación al medio educativo es muy usual intentar encontrar una receta o una fórmula que resuelva nuestras necesidades y que cubra las posibles lagunas que tengan nuestros alumnos.

La complejidad y diversidad del alumnado nos obligan a tener un conocimiento de ellos para que se produzca un aprendizaje en el patio y en cualquier otro ámbito.

Este libro de actividades no pretende ser una respuesta matemática a las necesidades que pueda tener un profesor para encontrar soluciones a los problemas que se le planteen en su labor educativa. La intención es poder manejar recursos, adaptarlos a la realidad de las clases y que puedan introducirnos y orientarnos a conseguir en ellas los objetivos pretendidos.

Existe un uso reducido de material para simplificar y poder llegar a cualquier nivel de recursos y que puedan ser llevados a cabo en cualquier realidad, sin necesidad de unos materiales costosos que dificulten su realización y aprendizaje.

Atendiendo a la metodología empleada, la duración, los espacios, el número de alumnos... pueden variar en cada entorno, pero todos los juegos serán adaptables a la realidad a la que se enfrenten.

La selección de los juegos irá establecida paulatinamente desde los más simples a los de mayor complejidad, para poder trabajar e ir avanzando con respecto a la evolución del alumnado y que puedan formar parte de distintos modelos educativos y, atendiendo a las pretensiones de cada profesor/a y a la metodología a emplear, cada uno debe introducirlos donde considere oportuno. Estas tareas carecen de un contexto y de una programación, por ello, necesitarán adaptación por parte del educador a todas las variables que crea que pueden tener incidencia en el desarrollo del alumnado y a las características del mismo.

En los juegos se indicará en cada uno de ellos lo que se pretende que hagan los alumnos. No obstante, para que se adapten a cada clase, contexto, desarrollo de los alumnos y metodología, cada educador/a la deberá adaptar su lenguaje, las distancias, los espacios e incluso el número de alumnos en algunos casos para tener un mejor desarrollo de las actividades y alcanzar los objetivos pretendidos.

No obstante, al ser juegos abiertos, el educador /a podrá condicionarlos si lo cree necesario u oportuno para conseguir los beneficios pretendidos conociendo la realidad a la que se van a exponer.

El principal objetivo de los juegos no es enseñar una capacidad o dotarlos de ella a los alumnos, es generar un entorno al aire libre para estimular y facilitar el aprendizaje de los alumnos y que puedan desarrollarse con la ayuda del educador.

Los juegos propuestos son para el desarrollo en el patio de Educación Infantil, pero se pueden llevar a cabo y exponer en actividades extraescolares, en casa o en cualquier otro medio que el lector considere oportuno. No obstante, no se debe abusar de sus repeticiones para que no pierdan la esencia y "agoten" (física y mentalmente) a los niños/as y dejen de perder su efecto por pérdida de atención o por fatiga, teniendo en cuenta las capacidades de los alumnos en edades tempranas.

En este libro no utilizaremos materiales para poder poner los juegos en práctica.

LA PSICOMOTRICIDAD

Para definir el término existen multitud de propuestas que intentan desglosar la función psíquica por un lado y la función motriz por el otro. Para entender la psicomotricidad es importante tener claro que el ser humano es una realidad indivisible que aúna los distintos sistemas y que están interrelacionados entre sí para que se lleven a cabo sus diversas funciones. Para realizar cualquier movimiento necesitamos la interacción del sistema nervioso y del sistema motor.

La psicomotricidad ayuda a los individuos a dominar sus movimientos corporales, así como a mejorar su relación y comunicación con los demás. El principal beneficio que tiene la psicomotricidad en la etapa infantil es el fortalecimiento de la salud física y mental del alumno, estimulando sus capacidades.

La genética nos condiciona para la maduración cerebral, pero las actividades que realicen los individuos, la interacción con el medio (sea social, lúdica, educativa o parental) la estimulación cognoscitiva y el apoyo afectivo que reciben tienen valor e importancia para el desarrollo del ser humano.

Sara Nevado (2018) dice que *la psicomotricidad infantil es una disciplina que conecta dos partes fundamentales del proceso de desarrollo integral del niño/a: el movimiento y la actividad psíquica. Se puede describir como una psicología del movimiento que se basa en una conexión cuerpo-mente, explicando cómo cada movimiento va acompañado de conocimientos, pensamientos y emociones. Se trata de conseguir, a través ejercicios, que el niño/a adquiera conocimientos, tanto de sí mismo como del medio que le rodea, a través de la interacción de sus propios movimientos con el entorno. Los niños, mediante ejercicios como correr, saltar, jugar con una pelota o manipular objetos, adquieren una conciencia del yo, de su cuerpo y de su mente además de conocimientos del espacio y el tiempo y una serie de habilidades, tanto personales como sociales.*

Cualquier actividad física que realicen los alumnos en la etapa de Educación Infantil (o en cualquier otra etapa) tiene una estrecha relación con sus procesos psíquicos y emocionales. Existe una relación interdependiente entre la actividad física y la función motriz que dota de importancia al trabajo psicomotriz en edades tempranas.

Existen tres aspectos fundamentales en los que se basa el trabajo que se pueda hacer en el área de la psicomotricidad:

- La percepción espacial.
- La percepción temporal.
- La imagen corporal.

La percepción espacial se define como el conocimiento o conciencia del medio y sus alrededores, es decir, la toma de conciencia del sujeto, de su situación y de sus posibles situaciones en el espacio que le rodea, su entorno y los objetos que en él se encuentran, tomando como punto de relación su propio cuerpo.

La percepción temporal permite conocer y estructurar el tiempo y los elementos que lo integran. Adaptar el movimiento a referencias temporales: duración, cadencia, ritmo, velocidad.

La percepción corporal es la percepción que uno tiene de su cuerpo como resultado de las experiencias y relaciones establecidas entre el individuo y el medio.

Los juegos propuestos en este libro persiguen los siguientes objetivos:

- Empezar a conocer y descubrir el propio cuerpo y sus capacidades.
- Desarrollar emociones y sensaciones.
- Desarrollar las capacidades motrices coordinativas generales, la flexibilidad y la agilidad.
- Mejorar las habilidades sociales del alumno, su capacidad de comunicación y sus relaciones participando en actividades y juegos.

- Ampliar el abanico de movimientos corporales.
- Utilizar y adquirir diferentes destrezas motrices
- Mejorar la coordinación, equilibrio, control postural, lateralidad...
- Promover y mejorar la atención y la capacidad de concentración de los alumnos.
- Conocer y realizar diversas actividades físicas.
- Focalizar la energía del alumno hacia una actividad saludable y beneficiosa.
- Ser capaces de orientarse en el espacio y en el tiempo a partir de su propio cuerpo como referencia.
- Aumentar su autoestima.

Realizar actividades o juegos al aire libre proporciona las siguientes ventajas:

- Reduce el riesgo de miopía en los niños y niñas. Hay estudios que indican que pasar tiempo al aire libre reduce la dificultad para ver objetos lejanos
- Previene problemas de salud. La vitamina D ayuda a mejorar el estado de salud de los niños y niñas y la exposición al sol ayuda a sintetizarla.
- Experimentan y se relacionan con el entorno. Les permite la posibilidad de descubrir el mundo que les rodea con sus propios sentidos.
- Ayuda a liberar presiones. Relacionarse con la naturaleza ayuda a liberar tensiones y a desinhibirse.
- Favorece la autonomía y la creatividad. El factor sorpresa es determinante y favorece la imaginación en un entorno diferente.
- Mejora de la autoestima y seguridad en un entorno cambiante que no controla.

- Tendrán un sentimiento de libertad mayor que realizando las actividades en el aula o el gimnasio.
- Los niños y niñas que juegan el aire libre tienen mejores resultados en su concentración y autodisciplina.

50 JUEGOS

DE PSICOMOTRICIDAD SIN MATERIALES EN EL PATIO PARA NIÑOS Y NIÑAS DE 2-3 AÑOS

JUEGO Nº 1

Sentarse y levantarse según indique el profesor/a.

JUEGO N° 2

Los alumnos/as de pie tendrán que sentarse con una mano colocada en la parte del cuerpo que indique el profesor/a.

JUEGO Nº 3

Los alumnos/as de pie tendrán que sentarse con las dos manos colocadas en la parte del cuerpo que indique el profesor/a.

JUEGO Nº 4

Los alumnos/as sentados tendrán que levantarse tocando con una mano la parte del cuerpo que indique el profesor/a.

JUEGO N° 5

Los alumnos/as de rodillas tendrán que levantarse tocando con una mano la parte del cuerpo que indique el profesor/a.

JUEGO Nº 6

Los alumnos/as tumbados boca arriba tendrán que levantarse tocando con una mano la parte del cuerpo que indique el profesor/a.

JUEGO N° 7

Los alumnos/as tumbados boca abajo tendrán que levantarse tocando con una mano la parte del cuerpo que indique el profesor/a.

JUEGO Nº 8

Andar o gatear según indique el profesor/a.

JUEGO Nº 9

Desplazarse por el espacio disponible colocando una mano en la parte de la cara que indique el profesor/a, sin chocar y eludiendo a los compañeros/as.

JUEGO Nº 10

Desplazarse por el espacio disponible colocando una mano en la parte del cuerpo que indique el profesor/a, sin chocar y eludiendo a los compañeros/as.

JUEGO Nº 11

Desplazarse por el espacio disponible colocando las dos manos en la parte de la cara que indique el profesor/a, sin chocar y eludiendo a los compañeros/as.

JUEGO N° 12

Desplazarse por el espacio disponible colocando las dos manos la parte del cuerpo que indique el profesor/a, sin chocar y eludiendo a los compañeros/as.

JUEGO Nº 13

Desplazarse por el espacio disponible colocando las dos manos en la cabeza, sin chocar y eludiendo a los compañeros/ as.

JUEGO N° 14

Desplazarse por el espacio disponible en línea recta, sin chocar y eludiendo a los compañeros/as.

JUEGO N° 15

Desplazarse por el espacio disponible en círculo, sin chocar y eludiendo a los compañeros/ as.

JUEGO Nº 16

Desplazarse por el espacio disponible en zigzag, sin chocar y eludiendo a los compañeros/ as.

JUEGO N° 17

Desplazarse por el espacio disponible "tomando curvas", sin chocar y eludiendo a los compañeros/as.

JUEGO Nº 18

Desplazarse por el espacio disponible hacia dónde indique el profesor/a sin chocar y eludiendo a los compañeros/as.

JUEGO Nº 19

Desplazarse por el espacio disponible "haciendo la taza" (una mano en la cintura y otra en la cabeza), sin chocar y eludiendo a los compañeros/as.

JUEGO Nº 20

Desplazarse por el espacio disponible cómo lo haría el animal que indique el profesor/a, sin chocar y eludiendo a los compañeros/as.

JUEGO Nº 21

Desplazarse por el espacio con la frecuencia de pasos que indique el profesor/a, sin chocar y eludiendo a los compañeros/as.

JUEGO N° 22

Desplazarse de espaldas por el espacio disponible, sin chocar y eludiendo a los compañeros/as.

JUEGO Nº 23

Desplazarse por el espacio disponible con los pies siempre pegados al suelo, sin chocar y eludiendo a los compañeros/as.

JUEGO Nº 24

Desplazarse por el espacio disponible con los pies lo más separados posible , sin chocar y eludiendo a los compañeros/as.

JUEGO Nº 25

Desplazarse por el espacio disponible con las piernas lo más separadas posible, sin chocar y eludiendo a los compañeros/as.

JUEGO N° 26

Desplazarse por el espacio disponible con los pies y las manos lo más separadas posible del cuerpo, sin chocar y eludiendo a los compañeros/as.

JUEGO Nº 27

Desplazarse por el espacio disponible separando y juntando los pies, sin chocar y eludiendo a los compañeros/as.

JUEGO Nº 28

Desplazarse por el espacio disponible moviendo los brazos cómo indique el profesor/a, sin chocar y eludiendo a los compañeros/as.

JUEGO N° 29

Desplazarse por el espacio disponible teniendo siempre el mismo pie adelantado, sin chocar y eludiendo a los compañeros/as.

JUEGO Nº 30

Desplazarse por el espacio disponible utilizando un solo apoyo, sin chocar y eludiendo a los compañeros/as.

JUEGO Nº 31

Desplazarse por el espacio disponible contando hasta cinco antes de dar un paso, sin chocar y eludiendo a los compañeros/as.

JUEGO Nº 32

Desplazarse sentados en el suelo por el espacio disponible, sin chocar y eludiendo a los compañeros/as.

JUEGO Nº 33

Desplazarse de rodillas por el espacio disponible, sin chocar y eludiendo a los compañeros/as.

JUEGO N° 34

Desplazarse tumbado boca abajo por el espacio disponible, sin chocar y eludiendo a los compañeros/as.

JUEGO Nº 35

Desplazarse tumbado boca arriba por el espacio disponible, sin chocar y eludiendo a los compañeros/as.

JUEGO Nº 36

Desplazarse tumbado de un lado por el espacio disponible, sin chocar y eludiendo a los compañeros/as.

JUEGO N° 37

Desplazarse "a cuatro patas" por el espacio disponible, sin chocar y eludiendo a los compañeros/as.

JUEGO Nº 38

Desplazarse "a tres patas" por el espacio disponible, sin chocar y eludiendo a los compañeros/as.

JUEGO Nº 39

Desplazarse saltando por el espacio disponible, sin chocar y eludiendo a los compañeros/as.

JUEGO N° 40

Desplazarse cómo si estuvieran saltando a la comba por el espacio disponible, sin chocar y eludiendo a los compañeros/as.

JUEGO N° 41

Desplazarse elevando todo lo posible las rodillas, en cada paso, por el espacio disponible, sin chocar y eludiendo a los compañeros/as.

JUEGO N° 42

Desplazarse elevando todo lo posible las puntas de los pies, en cada paso, por el espacio disponible, sin chocar y eludiendo a los compañeros/as.

JUEGO Nº 43

Desplazarse dándose con los talones en los glúteos, en cada paso, por el espacio disponible, sin chocar y eludiendo a los compañeros/as.

JUEGO Nº 44

Desplazarse con las manos hacia arriba por el espacio disponible, sin chocar y eludiendo a los compañeros/as.

JUEGO Nº 45

Desplazarse con las manos hacia abajo por el espacio disponible, sin chocar y eludiendo a los compañeros/as.

JUEGO N° 46

Desplazarse mirando hacia arriba por el espacio disponible, sin chocar y eludiendo a los compañeros/as.

JUEGO N° 47

Desplazarse mirando hacia dónde indique el profesor/a por el espacio disponible, sin chocar y eludiendo a los compañeros/ as.

JUEGO Nº 48

Desplazarse tapándose un ojo por el espacio disponible, sin chocar y eludiendo a los compañeros/as.

JUEGO Nº 49

Desplazarse con los ojos cerrados por el espacio disponible, sin chocar y eludiendo a los compañeros/as.

JUEGO N° 50

Desplazarse danto tres pasos con los ojos cerrados, abrirlos y volver a cerrarlos para dar otros tres pasos, por el espacio disponible, sin chocar y eludiendo a los compañeros/as.

BIBLIOGRAFÍA

- Aguirre Zabaleta, J. (2005): *La aventura del movimiento: el desarrollo psicomotor de 0 a 6 años.* Universidad Pública de Navarra.
- Arnáiz Sánchez, P.; Rabadán Martínez, M.; Vives Peñalvert, I. (2001): *La psicomotricidad en la escuela: una práctica educativa y preventiva.* Editorial Aljibe.
- Aucouturier, B. (2004): *Los fantasmas de acción y la práctica psicomotriz.* Editorial Graó.
- Ballarini, F. (2016): *REC: Por qué recordamos lo que recordamos y olvidamos lo que olvidamos.* Editorial Debate.
- Berruezo Adelantado, PP. (2002): *La pelota en el desarrollo psicomotor.* CEPE.
- Berruezo Adelantado, PP.; Lázaro Lázaro, A. (2009): *Jugar por jugar. El juego en el desarrollo psicomotor y el aprendizaje infantil.* Editorial Mad.
- Bonastre, M.; Fusté, S. (2007): *Psicomotricidad y vida cotidiana (0-3 años).* Editorial Graó.
- Bottini, P.(comp.); Agnese, L.[et al.] (2000): *Psicomotricidad: prácticas y conceptos.* Editorial Miño y Dávila.
- Cady, S. (2000): *Psicosomática y psicomotricidad.* CIE Dossat.
- Calmels, D. (2003): *¿Qué es la Psicomotricidad? Los trastornos psicomotores y la práctica psicomotriz. Nociones Generales.* Editorial Lumen.
- Carmona López, M. (2004): *Psicomotricidad y juego en la atención temprana de niños con discapacidad* (Tesis). Universidad de Granada.
- Carrasco Espinilla, I; Criado Caro, DJ. (2006): *60 fichas de psicomotricidad.* Editorial Wanceulen.
- Cobos, P. (2007): *El desarrollo psicomotor y sus alteraciones: manual práctico para evaluarlo y favorecerlo.* Editorial Pirámide.
- Collado Vázquez, S.; Pérez García, C.; Carrillo Esteban, J. (2004): *Motricidad. Fundamentos y aplicaciones.* Editorial Dykinson.

- Gil Madrona, P. (2003): *Desarrollo psicomotor en Educación Infantil (de 0 a 6 años).* Editorial Wanceulen.
- Granda Vera, J.; Alemany, I. (2002): *Manual de aprendizaje y desarrollo motor: una perspectiva educativa.* Editorial Paidós Ibérica.
- Gutiérrez Delgado, M. (2003): *La educación psicomotriz y el juego en la edad escolar.* Editorial Wanceulen.
- Hernández Hernández, Á. (2006): *Desarrollo y psicomotricidad.* TGD.
- Herrán Izaguirre, E. (2005): *Análisis de la psicomotricidad en el inicio de la escolarización: un estudio psicogenético y observacional del salto durante el tercer año de vida.* UPV.
- Jiménez Ortega, J.; Alonso, J. (2006): *La psicomotricidad de tu hijo/a: (cómo desarrollarla y mejorarla).* La Tierra Hoy.
- Jiménez Ortega, J.; Jiménez, I. (2003): *Psicomotricidad. Teoría y programación.* CissPraxis.
- Justo Martínez, E. (2000): *Desarrollo psicomotor en educación infantil. Bases para la intervención en psicomotricidad.* Publicaciones Universidad de Almería.
- Lázaro Lázaro, A. (2002): *Aulas multisensoriales y de psicomotricidad.* Editorial Mira.
- Lázaro Lázaro, A. (2010): *Nuevas experiencias en educación psicomotriz.* Editorial Mira.
- Le Boulch, J. (2000): *La educación psicomotriz en la escuela primaria.* Editorial Paidós Ibérica.
- Le Boulch, J. (2002): *El desarrollo psicomotor desde el nacimiento hasta los 6 años: consecuencias educativas.* Editorial Paidós Ibérica.
- León, C.; et al. (2000): *Cuerpo y representación. Espacio de reflexión en terapia psicomotriz.* Psicolibros.
- Llorca Llinares, M. (2002): *La práctica psicomotriz: una propuesta educativa mediante el cuerpo y el movimiento.* Editorial Aljibe
- Llorca Llinares, M.; Sánchez Rodríguez, J. (2003): *Psicomotricidad y necesidades educativas especiales.* Editorial Aljibe.

- Rigal, R. (2006): *Educación motriz y educación psicomotriz en Preescolar y Primaria: acciones motrices y primeros aprendizajes.* Editorial INDE.

www.ingramcontent.com/pod-product-compliance
Ingram Content Group UK Ltd.
Pitfield, Milton Keynes, MK11 3LW, UK
UKHW021828270726
14058UKWH00001B/38